AF243646

In 27/20240

NOTES BIOGRAPHIQUES

SUR

CARLE ET HORACE VERNET.

PAR

H. LEMONNIER.

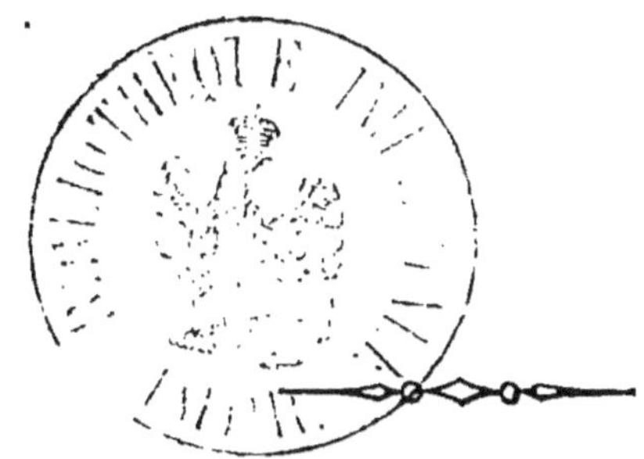

PARIS

IMPRIMERIE DE AD. LAINÉ ET J. HAVARD

RUE DES SAINTS-PÈRES, 19

1864

NOTES BIOGRAPHIQUES

CARLE ET HORACE VERNET.

—

Le 30 juin 1789, Carle Vernet, qui demeurait alors aux galeries du Louvre, allait colportant une nouvelle dans son voisinage ; et voici comment il s'y prenait pour l'annoncer : à la suite du salut coutumier : « Vous me reconnaissez donc ? disait-il en prenant un air étonné. — Eh ! qui serait assez malavisé pour méconnaître l'habile Carle ? répondait-on avec une pareille surprise. — C'est que, répliquait ce dernier, je me supposais changé depuis que j'ai un nouveau-*né* (nez). » Or, la nouvelle débitée de cette manière burlesque n'était rien de moins que la naissance d'Horace Vernet.

Carle Vernet a été, en fait de calembours, un rival du fameux marquis de Bièvre. Inépuisable en ce genre de facéties, il en faisait un étrange abus. Pas de conversation où il ne trouvât moyen d'intercaler un de ces jeux de mots auxquels notre langue ne se prête que trop docilement. J'en ai connu beaucoup, et j'en mentionnerais plusieurs qui eurent un certain mérite d'à-propos, s'il ne fallait être économe de ce genre de citations. En voici une qu'on voudra bien tolérer. Carle déjeunait à la table du roi Louis-Philippe, et comme on lui présenta une corbeille de pêches : « Pour le coup, dit-il à ses voisins, en prenant l'un des fruits, je puis me flatter aujourd'hui d'avoir reçu une *dépêche* (des pêches) de Sa Majesté. »

La manie des calembours a été, en quelque sorte, un mal endémique dans la famille Vernet. Joseph et Carle n'y mettaient pas de mesure, et Horace ne fut guère plus modéré. Après tout, puisque j'ai abordé ce chapitre, j'oserai me permettre encore deux citations empruntées à l'aïeul et au petit-fils.

Assis à table auprès de Joseph Vernet, un convive l'interpelle et, lui montrant un morceau de pain : « Vous en conviendrez avec moi, M. Vernet, dit-il, voilà qui est bien *peint* (pain). — Cela, riposta l'artiste, ce n'est qu'une *croûte*. »

Horace a répété maintes fois : « Lorsque j'ai mis la dernière main à un tableau, j'inscris au bas H. V. (achevé), et c'est fini. »

Trêve à ces bouffonneries ; peut-être cependant ne paraîtront-elles pas tout à fait déplacées, si l'on considère qu'elles servent à mettre en relief un tour d'esprit analogue chez trois peintres qui eurent d'ailleurs entre eux un rapport bien autrement sérieux, celui d'une extraordinaire facilité au double point de vue de la conception et de l'exécution artistique. En ajoutant que les trois Vernet montrèrent un égal sanssouci de la fortune, jusqu'à ne jamais se préoccuper de ses faveurs, mon unique but est de fournir un trait de plus au parallèle. Le dédain des questions d'argent, l'oubli de son emploi économique, sont, en général, des résultats de l'imprévoyance; ils proviennent aussi parfois d'un désintéressement bien digne des hommes voués au culte des arts, et en ce dernier cas il reste évidemment plus de place pour l'éloge que pour la désapprobation. Quoi qu'il en soit, Joseph gagna des monceaux d'or qui fondirent entre ses mains; Carle put s'enrichir et il mourut pauvre; Horace eut-il plus de circonspection? Présumons-le, mais son extrême générosité est, là-dessus, le seul fait hors de doute.

Très en vogue durant leurs fertiles années de production, Joseph et Carle aimaient les sociétés d'élite où ils étaient vivement recherchés, ce qui ne les empêcha pas de multiplier leurs œuvres à l'infini. Vivant avec son père moins en fils qu'en camarade d'atelier, de bonne heure associé à ses dissipations mondaines, Horace, à

vrai dire, n'eut guère d'autres maîtres que son gé-
nie et la nature. A peine fut-il l'élève de son père,
tant il est présumable qu'il ne s'assujettit jamais
à suivre les leçons d'un homme qui ne se sou-
mettait pas lui-même à les donner exactement:
Il eut bien, dans son jeune âge, les indications
de son aïeul maternel, le savant dessinateur Moreau le jeune (1), comme aussi les conseils
éclairés d'André Vincent, professeur à l'École
centrale des beaux-arts; mais là encore il est
peu probable que l'indépendance de ses idées
se soit pliée à de tels enseignements. Bref, il fut
peintre parce qu'il était né tel, en vertu de la
vocation la plus évidente.

Il lui était réservé, à lui, petit-fils d'un grand
peintre de marines, et fils d'un célèbre peintre de chevaux et de batailles, il lui était
réservé de continuer son aïeul et son père en
peignant comme eux avec perfection la mer et
les combats. Lorsque, fort jeune encore, il dé-
buta au Louvre dans le genre de la marine, il y
avait, au premier plan de son tableau, une vague
de l'effet le plus saisissant, ce qui fit dire à un
connaisseur : « Voici une vague que ce jeune
homme a dérobée à son grand-père. » Et celui
qui s'exprimait de la sorte ne prétendait pas

---

(1) V. l'*Annuaire de la Société Philotechnique*, tome XVI,
art. *Moreau le Jeune.*

insinuer que la vague en question fût un plagiat ou une réminiscence, il voulait, au contraire, en confirmer l'éloge sans arrière-pensée.

Je laisse à des écrivains spéciaux la tâche de formuler en connaissance de cause un jugement sur les œuvres d'Horace Vernet. En parlant de lui et de son père qui eut aussi une ample part de renommée, je me borne ici à recueillir quelques notes presque uniquement relatives à leur caractère et à leurs habitudes privées. Rapproché d'eux autrefois, jusqu'à pouvoir observer de près leur vie intime, je crois trouver dans le flatteur souvenir que j'en ai gardé, de quoi justifier mon intention ; mais, juge inexpérimenté de leurs talents, je ne dois ni ne veux m'arroger un droit d'appréciation excédant la mesure qui m'est tracée par mon peu de compétence quant aux procédés de l'art. Aussi ne me permettrai-je, à ce sujet, que des remarques ayant trait à ce qui n'admet point de contestation.

S'il y a, par exemple, un point avéré, c'est que si Horace parut quelquefois heureux imitateur de son aïeul, il a surpassé son père en l'imitant. Celui-ci n'en doutait pas quand il disait : « Je me sens à l'étroit entre mon père et mon fils, » et ce mot spirituel, qui rachète beaucoup de saillies équivoques, est juste, en même temps qu'il atteste une aimable modestie.

Horace n'avait pas quarante ans, lorsqu'il fut appelé, en 1828, au directorat de l'Académie des beaux-arts de France, à Rome. Il allait occuper un emploi que la sage administration et la dignité de son prédécesseur, Pierre Guérin, devaient rendre difficile, particulièrement à un homme très-différemment célèbre et d'un caractère diamétralement opposé (1). Le nouveau directeur réussit par d'autres moyens : il sut plaire dans un pays où la gravité, ne fût-elle qu'apparente, est un puissant élément de succès. Sa vivacité, toute juvénile encore, son franc-parler, j'oserais dire ses témérités, passèrent à la faveur de son talent si prime-sautier, si flexible, si abondant.

Ce fut au commencement de 1829 qu'Horace vint résider à la Villa Médicis. Il y amenait son père, sa femme et sa fille, sa charmante fille unique, à peine âgée de quinze ans. Mis en rapport direct avec cette noble famille, devenu même son commensal, par suite d'une heureuse conjoncture, j'appréciai hautement le privilége que me procurait ma position à l'Académie (2). Là je fus à portée de connaître, d'admirer ce qu'il y avait de verve artistique et de droiture

---

(1) V. l'*Annuaire* précité, art. *Pierre Guérin,* tome II.

(2) L'auteur des présentes *Notes* était alors secrétaire-bibliothé-caire de cet établissement.

d'âme chez le père et le fils ; de gracieuse bonté, d'élégant esprit chez la mère et la fille. Les rapides années durant lesquelles j'eus l'honneur de vivre successivement auprès de deux hommes à si bon droit illustres, Pierre Guérin et Horace Vernet, furent du nombre limité de celles dont j'ai à remercier le sort.

En m'exprimant ainsi que je l'ai fait plus haut sur le compte de Carle et de son fils, je ne pense pas m'être écarté du respect dû à leur mémoire. Quand bien même les convenances n'exigeraient pas de moi une grande sobriété dans mes observations en ce qui les concerne, la bienveillance qu'ils m'accordèrent m'en ferait une loi. D'ailleurs, ce que j'ai pu dire à leur sujet, ce que j'en puis dire encore, est en partie de notoriété publique. Si donc l'on croyait saisir dans mes récits quelque nuance de défaveur, il faudrait s'en prendre à mon désir d'être fidèle narrateur, non certes à une velléité de médisance dont je n'accepterais pas le reproche.

Après avoir activement associé les distractions du monde à des travaux non moins actifs, Carle Vernet était devenu dévot en vieillissant. Longtemps adonné avec ardeur à une vie de plaisirs, il fut également ardent à suivre les pratiques religieuses. Il apportait à Rome cette disposition, sans nul doute consciencieuse, et Rome eut de quoi l'entretenir. Scrupuleusement exact à l'église le matin, il reprenait, le soir, ses anciennes habitudes, débitant force quolibets, ou racontant de gaies anecdotes du temps de l'Empire ; et telle était sa bonne foi, qu'il ne s'apercevait pas de cette disparate entre ses idées du soir et celles du matin. Rien là, au surplus, qui ne montrât en lui une sorte de candeur digne de respectueux égards ; mais, chose pénible à dire, sa persistance à extraire de chaque phrase un mot à double entente, rendait parfois son langage décousu, sa conversation un peu fatigante. Il en advenait que des auditeurs intolérants évitaient ses redites ; d'autres, mieux intentionnés, tenant compte d'une rare bonté de cœur, se montraient indulgents pour un léger travers. Toutefois la vieillesse de cet artiste, si brillant autrefois, expiait assez tristement de beaux succès et d'éphémères jouissances.

Horace, — je l'ai donné à entendre, — ne reçut pas l'instruction préalable qui prépare utilement l'homme aux professions libérales, sans en excepter les arts. Par une faveur exceptionnelle, il n'en eut presque pas besoin. Doué d'une singulière aptitude, il dut à la souplesse de son esprit de suppléer au savoir dont sa jeunesse n'avait pas eu l'initiation. Il a deviné, au fur et à mesure des besoins de son talent. « Les gens de qualité savent tout sans avoir rien appris. » Ces mots que Molière a placés ironiquement dans la bouche de *Mascarille* des *Précieuses ridicules,* pourraient être pris au sérieux à propos d'Horace Vernet. Homme de qualité selon le sens intellectuel, il s'appropriait avec rapidité ce qui lui faisait défaut du côté de l'étude. L'exemple suivant viendra en preuve de cette perspicacité. Un entretien s'était engagé, lui présent, sur une grave question complètement en dehors de ses idées habituelles. Il commença par écouter longtemps et attentivement les interlocuteurs, puis enfin, rompant le silence qu'il s'était imposé d'abord, et intervenant à son tour dans la conversation, il y fit jaillir des lumières fort inattendues, dont s'émerveillèrent à bon droit les témoins du fait, qui ne s'attendaient guère à une telle facilité de compréhension. Ceci sert à prouver qu'on s'est souvent trompé en lui attribuant un esprit dénué de consistance, une légèreté incapable d'approfondir. Il est vrai que son extrême vivacité donnait quelque prise à cette opinion ; mais, sous le faux-semblant de cette pétulance de tempérament, se dérobait un remarquable bon sens gardé en réserve pour paraître à l'occasion.

Le goût prononcé d'Horace pour les allures martiales, aussi bien que ses tableaux consacrés à des faits militaires, l'avaient rendu cher à l'armée ; son renom y avait pénétré depuis les hauts grades jusqu'aux rangs inférieurs. Habile écuyer, adroit à la chasse, à l'escrime, à tous les exercices du corps, constamment dispos et alerte, comparable, selon sa propre expression, à un fleuret qui reste droit et ne se rouille pas, doué d'une bravoure à toute épreuve, il aurait pu devenir un général distingué comme il fut un excellent peintre. Il peignit les combats faute de pouvoir y participer ; encore y eut-il mainte circonstance où il n'endossa pas l'uniforme uniquement pour afficher une vaine parure.

Ce qu'il a produit de tableaux, de dessins, de lithographies, est incalculable. Madame Vernet (1) me disait qu'elle avait voulu en dresser le catalogue, et qu'elle dut y renoncer par l'impossibilité de suivre avec la plume des pinceaux et des crayons si diligents. En effet, pour peu qu'elle eût laissé passer quelques jours sans entrer dans l'atelier de son mari, elle avait perdu la trace d'œuvres improvisées durant ce bref intervalle. La multiplicité de ces productions tient du phénomène si l'on prend en considération que nul peintre n'a voyagé autant

(1) Il s'agit ici de la première femme du grand artiste ; devenu veuf en 1858, il épousa Mme de Boisricheux. Cette dame était veuve d'un peintre qui mourut jeune encore.

que Vernet, qui avait parcouru l'Europe entière, visité la Grèce, l'Égypte, et entrepris en Algérie plusieurs excursions, on pourrait dire plusieurs campagnes, sans que tant d'absences aient porté préjudice à la fécondité de son talent.

J'ai dit qu'il était généreux ; sa libéralité n'avait presque pas de bornes : c'était surtout quand il s'agissait du soldat que, demi-soldat lui-même, on le voyait prêt à aider de sa bourse ou de son crédit tout militaire qui lui semblait digne d'intérêt. Je choisis deux exemples de sa bienfaisance, à cause de la tournure originale dont il sut la revêtir.

Un troupier avait la fantaisie de faire exécuter son portrait; mais, ne possédant que *trois francs cinquante centimes*, comment offrir cette mince rétribution même à un peintre d'enseignes ? « Adresse-toi à Vernet, lui dirent en riant ses camarades, il fera sûrement ton affaire. » Notre homme était naïf, il prit la chose au sérieux. Le voilà dans l'atelier de l'artiste : « Je voudrais, dit-il, avoir mon portrait à la seule fin de l'envoyer à ma mère. — Vous avez là, mon brave, une bonne idée. — Oui, mais, réplique le pauvre diable en se grattant la tête, il y a une difficulté. — Laquelle? — C'est... — Eh bien, quoi? — C'est que je n'ai que *trois francs cinquante.* — La somme n'est pas lourde, en effet, mais on s'en contentera, on n'est pas arabe. » La séance a lieu ; le portrait est bientôt fini, vaille que vaille ; il ressemble, n'est-ce pas l'essentiel. Le modèle, très-satisfait, se dispose à emporter la toile : « Halte-là ! dit le peintre, on ne procède pas de la sorte ; cette tartine n'est pas sèche, et vous vous mettriez les doigts dans la confiture. Vous allez me donner l'adresse de votre mère, à qui j'enverrai votre effigie en temps et lieu. Quant à vos trois francs cinquante, rempochez-les, mon cher, pour acheter de quoi bourrer votre pipe et boire quelques canons à ma santé. » Ce qui fut dit fut fait, et l'image partit plus tard, non sans être suivie d'un ample port-payé.

Dans le tableau de *la Smala* figurent des portraits ; ils ne sont pas tous d'officiers supérieurs, on y trouve celui d'un sous-officier. Le roi Louis-Philippe vint visiter cette vaste composition avant qu'elle fût terminée : « Ici, dit l'artiste au prince, en lui désignant le militaire en question, j'ai commis une erreur ; j'ai placé la décoration de la Légion d'honneur à la boutonnière de ce digne homme, tant j'étais persuadé que ses longs et bons services avaient dû lui valoir cette récompense. J'ai su depuis que je m'étais trompé. Je vais donc, Sire, lui supprimer la décoration ; ce sera l'affaire d'un coup de brosse. — Non, mon cher Horace, dit le roi en souriant, n'en faites rien, au moins jusqu'à plus ample informé. » Le ruban et ce qui s'ensuit restèrent là où ils avaient été mis, d'où il résulte, jusqu'à un certain point, que ce fut Horace Vernet qui, de son autorité privée, institua un chevalier de la Légion d'honneur (1).

Célèbre par les singularités de son caractère comme par la verve inépuisable de son talent, peintre éminemment populaire, sa popularité fut prédestinée à devenir une gloire durable. D'envieux contemporains auront vainement déprimé son mérite, le goût, si mobile dans notre pays, pourra encore le déprécier : c'est la destinée, on ne l'a vu que trop, des facultés hors ligne ; mais, on le voit également, s'il y a dans les arts d'injustes revirements, le temps ramène la justice à sa suite : il ne s'agit que d'attendre. « La raison, a dit Voltaire, finit par avoir raison quand les passions sont lasses de crier. » Il faudra nécessairement que nos descendants reviennent à Horace Vernet, lorsqu'ils voudront se faire une idée vraie des costumes et des habitudes militaires du premier empire, parce qu'il en a été le plus fidèle interprète. Charlet, Raffet,

---

(1) M. Sainte-Beuve a raconté ces deux anecdotes dans *le Constitutionnel* du 9 juin 1863. Sa narration ne diffère pas de la mienne quant au fond ; elle en diffère quant à la forme, dont la grâce lui appartient en propre. C'eût été une raison de m'abstenir, si le récit que j'offre ici à mon tour n'eût été lu en public antérieurement au sien (17 mai).

d'autres encore, sont à mentionner parmi les bons imitateurs en ce genre; mais Charlet ne fut pas toujours exempt du reproche de porter l'imitation jusqu'à son excès qui est la charge, et Raffet et ceux de même école, trop jeunes peut-être pour avoir connu les soldats de l'Empire, les ont représentés de mémoire, non pas *de visu*. Si nous voulons nous rendre un compte exact du costume sous le règne de Louis XIV, nous consultons Van-der-Meulen, ses tableaux de batailles et de chasses royales. Vernet sera un autre Van-der-Meulen, et ne fût-ce que comme peintre attentif d'une époque guerrière, il s'est acquis une incontestable immortalité.

La noblesse artistique des Vernet, on dirait presque leur dynastie, date de deux siècles, en remontant jusqu'à un premier du nom, Antoine, qui fut aussi peintre, quoique d'un ordre secondaire. Joseph était son fils; né en 1714, il mourut en 1789; Carle a vécu entre 1758 et 1836; Horace disparu (17 janvier 1863), avec lui s'éteint un nom trois fois illustré.

Paris. — Typ. de Ad. Lainé et J. Havard, rue des Saints-Pères, 19.

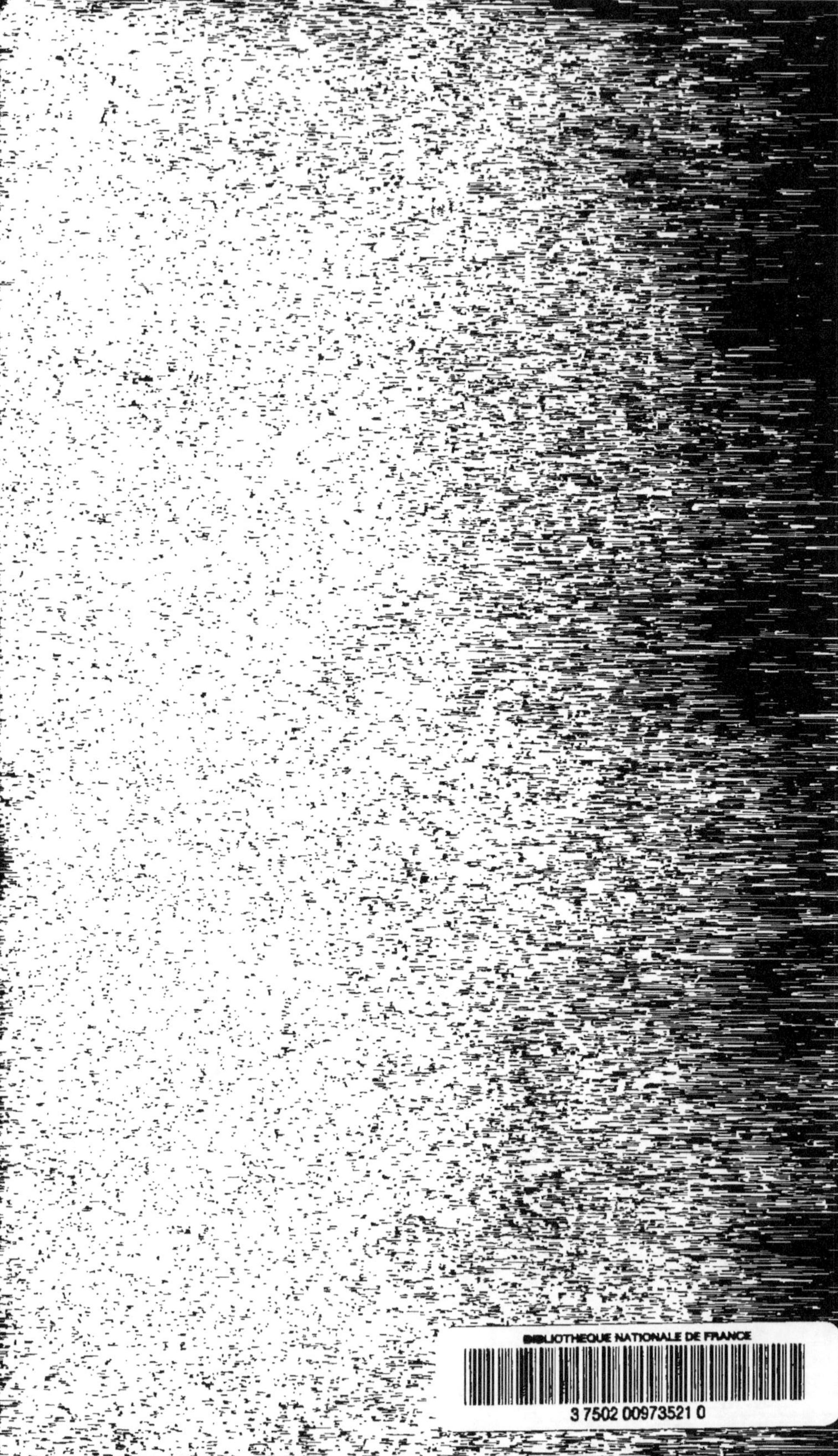

BIBLIOTHEQUE NATIONALE DE FRANCE
3 7502 00973521 0